EN ATTENDANT L'ENQUÊTE.

EXAMEN SOMMAIRE

DES CAUSES

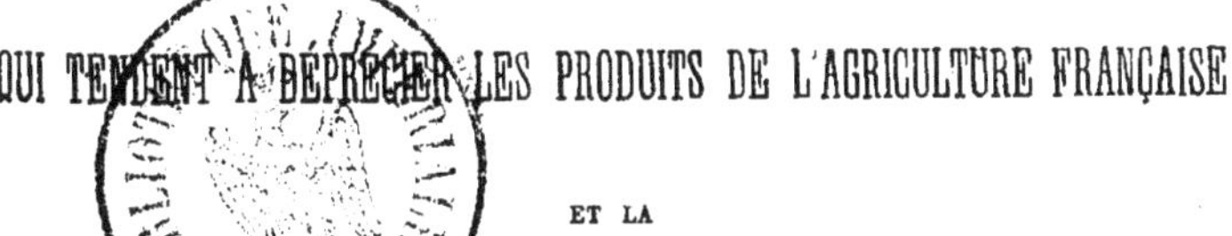

QUI TENDENT A DÉPRÉCIER LES PRODUITS DE L'AGRICULTURE FRANÇAISE

ET LA

VALEUR DE LA PROPRIÉTÉ FONCIÈRE

PAR

M. H. DAUDIN

PROPRIÉTAIRE AGRICULTEUR DANS L'OISE.

PARIS

IMPRIMERIE DE AD. LAINÉ ET J. HAVARD

RUE DES SAINTS-PÈRES, 19.

1866

EN ATTENDANT L'ENQUÊTE.

EXAMEN SOMMAIRE DES CAUSES QUI TENDENT A DÉPRÉCIER LES PRODUITS DE L'AGRICULTURE FRANÇAISE ET LA VALEUR DE LA PROPRIÉTÉ FONCIÈRE.

On s'occupe enfin sérieusement de l'état de gêne où se trouve aujourd'hui l'agriculture. Les plaintes des cultivateurs ont été entendues. La persistance d'une crise, que l'on avait d'abord regardée comme accidentelle et passagère, a éveillé la sollicitude du pouvoir. Une vaste enquête va être ouverte, afin d'en rechercher les causes, et d'indiquer, s'il est possible, les moyens d'y porter remède.

Déjà des économistes, des agronomes éminents, se sont faits les défenseurs chaleureux des intérêts agricoles ; des orateurs, du haut de la tribune du Corps législatif, ont exposé les souffrances de l'agriculture, avec l'éclat du talent, avec l'autorité de la raison et de l'expérience. Il est difficile, après eux, d'émettre des idées nouvelles ; je veux essayer cependant d'exposer quelques-unes des questions qui pourront être utilement agitées dans l'enquête que l'on prépare.

Quelques personnes ont prétendu que ces plaintes sont

exagérées, et que l'esprit de parti s'est emparé de cette question, pour s'en faire une arme contre le pouvoir. Je déclare, en ce qui me concerne, qu'aucune pensée de ce genre n'est entrée dans mon esprit. Une pareille intention s'accorderait mal avec ma vie retirée et ma position modeste.

Le malaise de notre agriculture tient à des causes nombreuses et très-diverses, parmi lesquelles il faut placer en première ligne les charges très-lourdes qu'on a, de tout temps, fait peser sur elle. Offrant par sa fixité, qui est celle du sol lui-même, une base commode et sûre à l'assiette des impôts, elle en est arrivée à supporter une grande partie du poids de nos budgets. Pendant que ces budgets allaient de plus en plus grossissant, il est survenu une foule de circonstances, qui concourent d'une manière fatale à déprécier ses produits. Signalons donc ces circonstances fâcheuses, faisons l'énumération des charges, nous aurons indiqué par là les moyens de donner à l'agriculture le soulagement qu'elle réclame, et de la relever d'une décadence qui menace également la propriété foncière, si digne d'une protection particulière, comme occupant le premier rang parmi toutes les richesses nationales.

On dit que nous produisons trop, et on a émis cette opinion vraiment paradoxale que l'abondance, cette bénédiction du ciel, serait devenue pour les cultivateurs une cause de ruine.

Il est vrai que le sol français, mieux cultivé, n'a pas cessé, depuis le commencement de ce siècle, de présenter un accroissement progressif et continu de production ; mais cet accroissement, suivant pas à pas celui de la population, n'aurait fait que répondre aux besoins de la consommation générale. D'ailleurs, les progrès rapides de la fortune publique et l'abondance du numéraire ayant fait baisser notablement le cours de l'argent, ce signe représentatif de toutes les valeurs, il en est résulté une augmentation sensible du prix de toutes choses, à laquelle les produits de l'agriculture auraient dû largement participer. Il n'en a pas été ainsi : des inventions successivement introduites, des procédés industriels qui ont changé les usages et les habitudes, ont déprécié quelques-unes des principales denrées agricoles. Enfin, la facilité et la rapidité des nouveaux moyens de transport ont amené une véritable perturbation dans leur trafic.

D'abord, l'extension considérable des différents usages de la houille a suscité une concurrence redoutable aux productions du sol forestier.

Le charbon de terre sert exclusivement aujourd'hui à la fabrication de la chaux et de la brique, qui absorbait autrefois d'énormes quantités de bois. On l'emploie presque partout pour le service de la cuisine et pour chauffer les appartements. Le fer substitué au bois, dans les constructions, a restreint d'une manière notable l'usage des bois de charpente. Le gaz ayant été appliqué à l'éclairage public et domestique, la houille qui le fournit laisse, sous forme de coke, un combustible considéré comme déchet, qu'on livre à bas prix, ce qui tend encore à réduire la consommation des bois de chauffage et à faire baisser leur prix.

Toutes ces causes ayant amené une diminution sensible du revenu des forêts, on a entrepris partout de grands défrichements, qui ont ajouté aux terres anciennement cultivées de vastes étendues de terres neuves et fertiles. Il en est résulté une augmentation subite de la production des céréales et des autres denrées agricoles.

L'éclairage au gaz se généralisant de plus en plus, la consommation des huiles combustibles a été sensiblement réduite, ou du moins elle n'a pas pris l'extension que les habitudes modernes lui auraient nécessairement donnée. Puis, voici que la découverte d'immenses réservoirs d'une huile minérale naturelle tend à diminuer encore le bénéfice de la culture des plantes oléagineuses et le prix des suifs.

Pendant que le sol français donnait un accroissement de production résultant des progrès de la culture et d'une augmentation notable de l'étendue des terres arables par les défrichements, de grandes exploitations, créées dans notre colonie algérienne, versaient sur les marchés du Midi de nouvelles quantités de céréales. Enfin, le perfectionnement de la navigation à vapeur rendant les transports plus rapides et plus économiques, les blés étrangers viennent écraser les cours dès qu'une hausse un peu sensible se déclare, ou les maintiennent à un taux si bas qu'il n'est certainement plus en rapport avec la modicité de la dernière récolte.

On a prétendu, il est vrai, que le chiffre des importations ne justifiait pas les plaintes des producteurs français, et n'avait pu avoir une influence bien marquée sur les cours. Cependant M. le ministre de l'agriculture et du commerce a reconnu dans une circulaire que, du 1er août 1861 jusqu'à la récolte suivante, il avait été importé 16,422,000 hectolitres de blés étrangers. Ce qui est certain, c'est que, sous l'empire des craintes qu'inspirait l'insuffisance de la récolte de 1861, il a été introduit de telles quantités de grains étrangers que les prix ont baissé rapidement, et que beaucoup de ceux qui avaient spéculé sur l'importation ont subi des pertes considérables.

D'ailleurs, comme on l'a établi dans d'excellents rapports faits au Conseil général des Vosges et à celui du Cher, ce qui pèse sur les cours, c'est moins la quantité réellement importée, que la certitude où l'on est qu'il existe à l'étranger d'énormes quantités de céréales, qui n'attendent qu'un ordre pour être introduites chez nous.

Cette opinion très-rationnelle a été formulée ainsi : « C'est moins l'importance de l'importation qui avilit les « prix, que les quantités illimitées toujours disponibles au « dehors. » En d'autres termes : « Ce ne sont pas les blés « qui entrent, qui font baisser le prix, mais ceux qui peu- « vent entrer. »

On comprend en effet qu'en présence de cette concurrence toujours imminente, le cultivateur ni le spéculateur ne peuvent conserver des blés ni faire de grandes réserves; il faut vendre à tout prix et au jour le jour.

D'un autre côté, les bestiaux étrangers, qui ne parvenaient jusqu'à Paris qu'avec de grandes dépenses et de grandes fatigues, grâce à la facilité offerte par les voies nouvelles de communication, arrivent aujourd'hui enquelques heures, de la frontière de l'Est, à peu de frais et sans aucune dépréciation résultant du voyage.

Nos éleveurs avaient fait de grands sacrifices pour l'amélioration des troupeaux, et pour obtenir les qualités de laines les plus recherchées par les fabricants. Ils voient avec peine que les laines provenant des immenses troupeaux de la Russie méridionale, de l'Amérique du Sud et de l'Australie, maintiennent nos laines indigènes à un prix minime, auquel elles n'étaient jamais descendues. La rareté même du coton, pendant les dernières années, n'a pu relever leur cours.

En même temps que le prix de toutes les denrées fournies par l'agriculture diminuait, ou cessait de progresser, la main d'œuvre éprouvait une augmentation énorme; les bras manquaient dans la campagne, et le cultivateur payait au double tous les objets nécessaires à ses besoins, ou à ceux de son exploitation.

Pour prévenir les fâcheux effets de tant de circonstances défavorables, des droits protecteurs avaient été imposés sur toutes les denrées de provenance étrangère, et maintenaient les cours à un taux suffisamment rémunérateur. Tout à coup une véritable révolution économique s'est accomplie. Un système nouveau, spécieux sans doute, mais peut-être trop absolu, et introduit sans transition, a prévalu dans les conseils du Gouvernement.

La théorie du libre échange a été mise en pratique sans avertissement préalable et sans préparation; les tarifs de l'échelle mobile ont été supprimés, et l'introduction des blés étrangers n'a plus été grevée que d'un droit insignifiant de 50 centimes par quintal métrique, équivalant tout au plus à 40 centimes par hectolitre. Beaucoup d'agronomes n'hésitent pas à attribuer à l'insuffisance de ce droit la vilité du prix des blés indigènes. Ils demandent sinon le rétablissement de l'échelle mobile, système un peu compliqué, du moins l'élévation du droit, qui, selon les appréciations les plus générales, devrait être porté à 2 fr. par hectolitre, sauf à le diminuer ensuite progressivement, d'année en année.

C'est sans doute une pensée généreuse et vraiment libérale, que celle qui proclame la liberté du commerce et de l'échange de toutes les denrées, de peuple à peuple. Mais, pour que personne ne fût victime de cette théorie décevante, il faudrait avant tout établir des conditions égales pour tous.

Cette égalité de conditions n'existe pas. Nous n'avons pas tous le même sol et la même place au soleil. Il y a des climats plus favorables que le nôtre ; des terres plus neuves et plus fertiles ; de vastes contrées où la main d'œuvre coûte peu, où la propriété foncière est à vil prix.

Sans aller chercher des exemples dans des contrées lointaines, voyons ce qui se passe en Algérie, dans ce pays qu'on se plaît à considérer comme une terre française. Suivant une convention passée entre le Ministre de la guerre et une grande Société financière, pour l'exécution de grands travaux publics en Algérie, l'État promet de vendre à la compagnie cent mille hectares de terre, *dont le prix est fixé à un franc de rente par hectare et par an, pendant cinquante années*. Les intéressants débats qui ont eu lieu au Corps législatif sur la question algérienne nous ont appris que des terres avaient été louées à des tribus arabes, au prix de 50 centimes l'hectare. Il y en a dans la province de Constantine, qu'on regarde comme louées très-cher, dont le fermage, établi par adjudication, est d'environ 10 fr. l'hectare. Et il y a d'immenses espaces encore inoccupés. On cite la vallée du Chélif, peuplée à peu près comme un département français, dont l'étendue est quinze ou vingt fois plus considérable. L'Algérie peut donc produire beaucoup, tout en consommant très-peu. Cette perspective, menaçante pour nos céréales, ne l'est pas moins pour les laines et pour les autres productions du sol de la France.

Si nous portons ailleurs nos regards, nous verons que, sur des points très-divers, la même inégalité subsiste, à notre désavantage.

Il résulte du rapport qui a précédé le vote de la loi du 15 avril 1832, sur l'établissement de l'échelle mobile, que pendant dix années, de 1821 à 1831, le prix moyen de l'hectolitre de blé n'avait été, à Odessa, que de 8 fr. 10, ce qui, tous frais compris, permettait de le rendre à Marseille au prix de 13 fr. 60, pendant que, durant la même période, la moyenne du prix des blés indigènes avait été de 28 fr. 55. On voit que nous sommes loin du prix de cette époque, puisqu'aujourd'hui il ne dépasse guère 15 ou 16 fr.

Les mêmes calculs pourraient être faits par rapport à d'autres pays, non-seulement relativement aux céréales, mais aussi pour les bestiaux, et surtout pour les laines. Les États-Unis n'empruntent-ils pas à tous les États de l'Europe des foules d'émigrants, auxquels ils livrent pour rien des terres à défricher et à mettre en valeur ? Les déserts de la Plata et de Buenos-Ayres ne nourrissent-ils pas d'innombrables animaux de la race bovine, qui n'appartiennent qu'à celui qui s'en empare, dont la chair n'a aucun prix, et qui n'ont d'autre valeur que celle du cuir, des os et des cornes, amenés dans nos ports, pour être mis en œuvre et transformés par notre industrie? N'y a-t-il pas aussi, dans l'Amérique du Sud et dans l'Australie, d'immenses troupeaux de bêtes à laine, qui ne coûtent que la peine d'enlever leur toison?

Chez nous, au contraire, tout est cher : la terre, les bras, les instruments de travail, toutes les choses nécessaires à l'agriculture. Elle doit supporter en outre les charges qui donnent aux gouvernements les moyens de procurer à tous le bien-être, la sécurité et les avantages de la civilisation. Peut-on lutter, dans ces conditions, avec des contrées dont le sol vierge, encore sans valeur, donne des produits spontanés, presque sans frais?

On comprendra donc combien il est difficile pour nos cultivateurs de soutenir, sans protection, la concurrence étrangère, écrasés qu'ils sont par le prix des fermages, — qu'on ne peut toutefois abaisser sans déprécier et ruiner la propriété foncière, — par les impôts de toute nature, et surtout par la cherté des salaires de plus en plus élevés, à cause des travaux qui se font pour l'embellissement des villes, et pour satisfaire les habitudes de luxe. Il est certain que les campagnes sont aujourd'hui délaissées. Le prix des biens ruraux et le loyer des terres n'ont pas suivi la marche ascendante des valeurs mobilières et de la propriété urbaine. C'est un fait frappant et digne des méditations des économistes, qu'une maison de ville, bâtie sur quelques ares de terrain, rapporte souvent bien plus, et se vend plus cher, qu'une ferme de quelques centaines d'hectares, même dans une contrée riche et favorisée.

Il y a donc quelque chose à faire, pour soulager l'agriculture et pour relever la propriété territoriale, car l'une et l'autre ont les mêmes intérêts.

On a dit qu'il fallait changer les systèmes de culture ; faire moins de céréales et nourrir plus de bétail. Il n'y a pas de cultivateur intelligent qui ne l'ait fait déjà, dans la limite du possible. Partout où la nature du sol s'y prêtait, on a fait des prairies et établi des herbages. Dans les terres saines, on a mis en luzerne autant de terrain qu'il se pouvait, sans compromettre l'avenir. Telle de nos fermes, qui nourrissait autrefois vingt vaches, en a aujourd'hui le double.

D'ailleurs, quoi qu'on en dise, le blé sera toujours la plante par excellence, et l'âme de la culture. On ne peut entretenir des bestiaux sans litière, ni cultiver la terre sans fumier ; or c'est la paille des céréales qui donne la litière et qui forme la base du fumier.

Les grains en général, et particulièrement le blé, sont, de toutes les denrées agricoles, celle dont la valeur est la plus certaine et la plus facilement réalisable. On peut dire que du blé dans le grenier, c'est presque de l'argent comptant. Aussi, parmi toutes les mesures qui peuvent être prises, dans l'intérêt de l'agriculture, il faut placer en première ligne celle qui tendrait à la reprise du cours des céréales, qui, pour le froment, devrait atteindre une moyenne de 20 francs l'hectolitre. Ce prix serait satisfaisant pour le cultivateur, sans être trop onéreux pour le consommateur.

Il faut oser dire des vérités, même impopulaires. Je pense qu'on a aujourd'hui une crainte exagérée de voir hausser le prix des céréales. L'élévation de leur prix doit suivre celle de toutes les autres valeurs, conséquence forcée de la dépréciation progressive du numéraire. D'ailleurs, après l'augmentation des salaires, qui ont plus que doublé dans les villes et dans les campagnes, avec la facilité actuelle des moyens de transport, qui empêchera toujours que la cherté des subsistances devienne excessive, la raison et l'équité demandent que celui qui cultive la terre, avec tant de fatigue et tant de risques, retire de la vente de ses produits un bénéfice suffisant. Ce bénéfice n'égalera jamais, quoi qu'il arrive, ceux qu'on obtient avec moins de peine dans le commerce et dans l'industrie.

Suivant des documents statistiques publiés par le *Moniteur*, on a consommé dans toute la France, en 1864, pour la nourriture des habitants, 75,391,240 hectolitres de grains, ce qui, pour une population de 35 millions d'âmes, établit une consommation moyenne de 215 litres par individu de tout âge. Une augmentation de 5 francs par hectolitre donnerait, pour l'année entière, un surcroît de dépense individuelle de 10 fr. 75 c., soit un peu moins de 3 centimes par tête et par jour. Avec cette hausse de 5 francs par hectolitre, la culture cesserait de se plaindre, et l'on voit qu'il n'en résulterait pas une charge bien lourde pour chacun ; d'autant plus que presque tous ceux qui prennent part aux travaux des champs reçoivent en payement du blé en nature, et ont leur subsistance assurée, quel que soit le prix de vente sur les marchés.

Cette question des céréales a toujours été une question délicate et périlleuse. Dans les temps difficiles, elle a passionné les esprits ; les têtes se sont montées, et on s'est porté à des excès. Ceux qui spéculaient sur les grains, ceux même qui conservaient en magasin les produits de leurs récoltes, ont passé pour des accapareurs. Il en est résulté des préjugés invétérés, dont on a peine à se défaire, et qui devraient disparaître, puisque les circonstances qui les ont fait naître ne peuvent plus se reproduire.

Le blé a été, de tout temps, regardé comme exclusivement réservé à la nourriture de l'homme, Le fermier qui le donnerait aux animaux serait mal vu dans les campagnes. Tous même se font un scrupule d'employer à l'engraissement du bétail d'autre grain que des déchets, ou des grains inférieurs, comme l'orge et l'avoine. Il me semble qu'aujourd'hui, que les progrès de la culture, les échanges facilités par la navigation et les chemins de fer, rendent impossible le retour de la famine et de la disette, il faut que ce préjugé disparaisse. Quand le blé de qualité médiocre vaut, comme aujourd'hui, de 12 à 14 francs l'hectolitre, on pourrait l'employer utilement, comme on dit, à faire de la viande. Un hectolitre et demi de blé, valant 18 ou 21 francs, moulu ou seulement écrasé, donné à un animal à l'engrais, rendrait peut-être pour 40 francs de viande et de graisse de la meilleure qualité. Qu'on entre largement dans cet ordre d'idées : le progrès si vanté des mœurs publiques doit faire accepter celui-là. Si le blé se vend bien, qu'il serve exclusivement à faire du pain ; s'il est à vil prix, qu'on en donne au bétail, qu'on en use enfin, en toute liberté, de la manière la plus avantageuse. C'est un moyen bien simple de remplacer l'échelle mobile, et celle-là serait toujours à la disposition et à la discrétion du cultivateur.

Si des céréales nous passons aux autres productions de notre sol, nous trouverons encore de justes sujets de plainte. Nous verrons que la théorie du libre-échange, si spécieuse et si vantée, n'a pas été appliquée d'une manière équitable et rationnelle. Abaisser les barrières et supprimer les droits, seulement aux frontières et dans les ports, c'est agir surtout dans l'intérêt de l'Étranger. Avons-nous la liberté des échanges et du commerce, quand nos produits les plus nécessaires sont frappés, à l'intérieur, de droits de circulation, de droits de vente et d'entrée, qui entravent le mouvement commercial et restreignent la consommation ?

Nous pouvons citer, à cet égard, de nombreux exemples.

Une découverte récente a créé des ressources nouvelles et considérables pour l'agriculture. Depuis qu'on extrait de la betterave du sucre et de l'alcool, la culture de cette racine a pris une extension telle qu'elle suffirait, dans les exploitations où la nature du sol permet de l'admettre, pour contre-balancer la perte résultant du bas prix des céréales. Mais le sucre indigène fait une concurrence redoutable au sucre de nos colonies ; on lui a imposé un droit énorme de 45 centimes par kilogramme, qui restreint les bénéfices de cette culture et l'empêche de s'étendre. Cependant la consommation du sucre en France pourrait être plus que doublée, à en juger par celle qui est constatée dans les pays voisins. Les statistiques nous apprennent qu'il se consomme chez nous environ 4 kilogrammes de sucre par habitant, tandis que la consommation individuelle est de 12 à 15 kilogrammes en Angleterre.

Si, par les traités de commerce, nous avons ouvert nos portes aux produits étrangers, l'Étranger nous a-t-il ouvert les siennes? Nos alcools, qu'ils proviennent de la betterave ou du vin, sont frappés, à l'intérieur et au dehors, de droits considérables. Un hectolitre d'alcool, qui vaut 40 ou 45 francs, pris à la distillerie, ne paye pas moins de 80 ou 90 francs de droit, selon son degré, sans compter les droits d'octroi, si on l'introduit en ville. Il en est de même du vin, dont le commerce, même sur le sol français, doit supporter des taxes si lourdes que l'écoulement des produits de nos vignobles se fait lentement et avec peine. Il a été dit à ce sujet un mot aussi vrai que spirituel, c'est que « l'impôt sur les boissons est la bête de somme du fisc. » Quant au commerce extérieur, on s'était flatté de trouver des débouchés immenses et surtout avantageux : cette espérance ne s'est pas réalisée ; quoique les droits de douane aient été abaissés, ils sont encore assez élevés pour arrêter l'essor des transactions. Le vin importé en Angleterre paye encore un droit de 1 à 2 schellings par gallon, soit 1 fr. 25 ou 2 fr. 50, pour un peu plus de 4 litres 1/2. Il acquitte en Belgique un droit de 23 fr. par hectolitre, et la Russie prélève 3 ou 400 fr. par pièce de deux hectolitres. Je prends ces chiffres dans une lettre d'un économiste et viticulteur distingué, qui a été récemment publiée.

Dans quelques parties de la France, dont le climat est rebelle à la culture de la vigne, des plantations d'arbres à cidre fournissent, dans les années d'abondance, une telle quantité de fruits qu'ils sont quelquefois pour nos départements de l'Ouest comme une manne tombée du ciel. La vente du cidre pourrait être pour le producteur une ressource importante, et les habitants des villes pourraient faire usage d'une boisson agréable et salubre, accessible à toutes les fortunes; mais le cidre est, dans les villes, presque une boisson de luxe, à cause des droits d'octroi, qui s'élèvent jusqu'à deux ou trois fois sa valeur réelle sur le lieu de production.

Enfin, il est une autre culture à laquelle le Gouvernement pourrait donner une extension considérable, et qui serait, pour les terrains où il est possible de l'introduire, une source de profits toute nouvelle et presque illimitée. Je veux parler du tabac. Sept départements seulement, auxquels il faut joindre aujourd'hui l'Algérie, jouissent du privilége de cultiver cette plante.

Je n'ai pas sous la main les documents qui constatent l'importance prodigieuse qu'a prise actuellement la consommation du tabac, sous toutes ses formes. Mais je trouve dans le *Manuel général des plantes* des renseignements qui remontent à l'année 1843, et qui présentent déjà des chiffres énormes, quoique bien dépassés aujourd'hui. L'administration des tabacs avait alors, pour son approvisionnement, fait l'acquisition de 24,549,416 kilogrammes de feuilles, dont 11,076,715 kilogrammes fournis par la France, et 13,472,701 kilogrammes par l'étranger. La vente des tabacs, en 1843, s'est élevée à 17,069,262 kilogrammes payés par les consommateurs 119,428,996 francs. Les prix d'achat, frais de fabrication et bénéfice des débitants, ont été de 42,060,261 francs; il est resté en bénéfice net pour le budget de l'État, 77,368,735 francs. On évaluait à 500,000 kilogrammes par an l'augmentation qui s'était produite dans la consommation pendant les années précédentes; si cette progression a continué, on peut juger de l'énormité de la consommation actuelle.

Certes, le produit de la vente des tabacs est pour le Gouvernement une source de revenu trop considérable pour qu'on puisse avoir la pensée qu'il doive renoncer à son monopole; d'autant plus que c'est un impôt volontaire qu'on doit acquitter sans regret, et qui ne sera jamais assez élevé, aux yeux de ceux qui ont le bon esprit de s'en affranchir. Mais, puisqu'on conseille aux cultivateurs de faire autre chose que du blé, pourquoi ne leur accorderait-on pas, toujours sous le contrôle de l'État, la liberté de la culture du tabac? Ne pourrait-on pas même leur faire, pour cette production, de grands avantages? Pourquoi demander la plus grande partie des approvisionnements à la Virginie, au Maryland, à la Havane, et même à la Chine? Il suffirait d'avoir une certaine quantité de cigares de ces provenances. Ces cigares de haut luxe, payés très-cher, n'en seraient que plus recherchés. On livrerait au gros des consommateurs des tabacs indigènes, que l'habitude et l'esprit national leur feraient trouver excellents.

Ceux qui regardent notre système de culture comme défectueux, et qui conseillent de le transformer, ont conçu la pensée d'institutions de crédit destinées à fournir aux cultivateurs les capitaux nécessaires à cette transformation. Avec de l'argent, on réaliserait toutes les améliorations possibles, et on serait en état de ne plus craindre aucune espèce de concurrence : l'argent, qui est, dit-on, le nerf de la guerre, serait donc aussi le nerf de l'agriculture? Il est, hélas! le nerf de toutes choses; mais il y a une vérité dont il faut bien se pénétrer, c'est que le cultivateur qui emprunte est à moitié ruiné!

Toute entreprise agricole rapportant un faible intérêt ne peut donner qu'un intérêt encore plus faible des capitaux qu'on lui prête. Il n'y a pas d'établissement de crédit qui ne soit forcé de prendre un intérêt assez élevé, auquel s'ajoutent nécessairement les frais d'administration. Celui qui prête doit prendre ses sûretés ; il lui faut une hypothèque ou un nantissement. Le cultivateur n'a rien à donner en gage. Ses bestiaux, ses grains, tout ce qui garnit son exploitation, doit toujours rester disponible entre ses mains. Il doit donc agir avec ses propres ressources, et n'avoir jamais qu'une exploitation proportionnée à ses moyens. S'il cultive des terres qui lui appartiennent et qu'il veuille les hypothéquer pour entreprendre de grands travaux de construction ou d'amélioration, c'est le propriétaire qui emprunte, et non le cultivateur.

Tel a été le but de la constitution de la compagnie appelée *le Crédit foncier de France*. Comme son nom l'indique assez, elle est chargée de procurer des fonds à la propriété immobilière, et non à l'agriculture proprement dite. On a reproché à cette Compagnie d'avoir réalisé plus de prêts dans les villes que dans les campagnes, et j'ai été surpris qu'il ait été dit au Corps législatif « que l'explication de ce fait était assez difficile à donner. » Pour moi, il me semble qu'elle saute aux yeux. C'est que les immeubles des villes rapportent plus que ceux des campagnes ; c'est qu'on peut prélever sur le revenu d'une maison de ville, qui rapporte 6 et quelquefois 10 pour 100, l'annuité de 6 pour 100, qui comprend l'intérêt et l'amortissement de la dette ; qu'on se trouve même avoir fait une bonne opération, puisque, après avoir employé tout ou partie du revenu à éteindre le capital, on laissera ce capital entier à ses héritiers. Peut-on, sur un bien rural qui rapporte 3, payer 6 ? Il faut nécessairement prendre la différence sur d'autres valeurs, et il y a peu de propriétaires campagnards qui puissent le faire.

L'institution du *Crédit agricole* est bien différente. Lorsqu'on a fondé sous ce nom, en 1860, une société destinée à faire des avances de fonds à l'agriculture, j'ai été invité à souscrire un certain nombre d'actions, qui m'étaient attribuées par préférence, comme actionnaire du

Crédit foncier. J'ai refusé de profiter de l'avantage qui m'était offert, et j'en ai donné les raisons dans une lettre dont je demande la permission de citer quelques passages.

« J'ai été constamment en relations d'affaires et de voi-
« sinage avec des cultivateurs, et c'est la connaissance
« que j'ai de leurs besoins et de leurs habitudes qui me
« fait douter du succès de la société qui va se cons-
« tituer.

« Toutes les opérations de l'agriculture sont des spécu-
« lations à long terme ; des prêts à quatre-vingt-dix jours,
« même renouvelables, ne répondront pas suffisamment à
« ses besoins.

« Des avances sur nantissement, à l'échéance de trois
« années, me paraissent difficiles à réaliser. Le cultiva-
« teur ne peut donner en nantissement que des denrées
« ou valeurs encombrantes, difficiles à conserver sans perte
« ou détérioration. Il aura toujours plus d'avantage à en
« réaliser le prix par une vente immédiate.

« Le plus souvent, d'ailleurs, les garanties que pourra
« offrir le cultivateur seront primées par le privilége du
« propriétaire.

« On a dit du Crédit foncier qu'il ne prêtait qu'aux ri-
« ches, le Crédit agricole ne prêtera qu'aux pauvres. L'ex-
« ploitation d'un cultivateur doit toujours être proportion-
« née à ses moyens ; or tout le monde sait qu'un culti-
« vateur gêné, qu'un cultivateur qui emprunte, est dans
« de très-mauvaises conditions pour réussir. Le secours
« le plus naturel et aussi le moins onéreux qu'il puisse
« recevoir, c'est le délai que lui accorde le propriétaire
« pour le payement de ses fermages. Le fermage laissé en-
« tre ses mains après l'échéance constitue une véritable
« avance de fonds sans intérêts ; et cependant l'expé-
« rience prouve qu'on rend un mauvais service au fer-
« mier en le laissant s'arriérer dans ses payements. Il est
« rare que cette facilité lui soit profitable. »

Ces objections anticipées me paraissent parfaitement justifiées par ce que j'entends dire du Crédit agricole, quant à ses rapports avec l'agriculture.

L'honorable M. Thiers a résumé avec sa netteté habituelle cette question du crédit à la tribune du Corps législatif, dans la séance du 10 mars ; mais ce qu'il a dit d'une manière générale de toute espèce d'industrie, s'applique à l'industrie agricole d'une manière toute particulière.

« Toute industrie qui emprunte pour améliorer est com- « promise. — Il n'y a de vrais progrès que ceux que l'in- « dustrie fait avec ses bénéfices. »

Ces bénéfices si nécessaires au progrès, le cultivateur en perd une grande partie par la nécessité où il est de traiter avec des intermédiaires qui se placent entre lui et le consommateur. Ainsi le froment, qui fait à peine vivre celui qui le produit, enrichit le marchand de grains, le farinier et le boulanger. Le marchand de bestiaux et le boucher réalisent en peu de temps des bénéfices, qui dépassent souvent de beaucoup ceux que l'éleveur, ou l'engraisseur, n'obtient que lentement et à force de soins et de sacrifices. Le raffineur fait sur les sucres une fortune quelquefois colossale, tandis que le producteur se trouve en perte, ou rentre à peine dans ses frais de culture et d'extraction.

C'est que les charges qui accablent le cultivateur sont excessives, que ses profits sont minimes; qu'il ne les perçoit qu'avec des peines infinies, et qu'il est cependant exposé à des risques nombreux et considérables.

La première de toutes ces charges, c'est l'impôt, ce nouveau Briarée, qui a cent bras pour atteindre celui qui possède la terre ou qui la cultive.

Il y a d'abord l'impôt foncier, qui frappe sur toute l'étendue des terres et sur l'habitation. Puis, on paye tant pour chaque porte, et tant pour chaque fenêtre. On paye pour le mobilier qui garnit la maison. Le cultivateur paye aussi pour sa personne, et même pour chacun des chiens qui sont nécessaires à la garde de son troupeau, de ses bestiaux et de sa cour. Il doit en outre des prestations en nature, pour lui-même, pour ses fils et ses domestiques, pour chacun de ses chevaux et pour ses voitures. Les denrées qu'il livre à la consommation doivent acquitter des droits de place sur les marchés, et, dans la plupart des cas, des droits d'octroi, de circulation ou de débit, qui retombent, en grande partie, sur le producteur. S'il jouit en vertu d'un bail, l'enregistrement et le timbre devront s'ajouter au prix du fermage, qui représente à peine 2 ou 3 pour 100 de la valeur de la terre. Cette valeur même, dans un temps donné, quelquefois très-court, passe tout entière aux mains du fisc, après plusieurs mutations consécutives, en cas de vente ou de succession.

Ces contributions sont encore rendues plus lourdes par toutes les dépenses locales que les conseils municipaux et le conseil général se trouvent trop souvent dans la nécessité de voter. N'y a-t-il pas dans toutes les communes rurales une église, un presbytère, un instituteur, une maison d'école, une mairie, un garde champêtre, objets de dépenses nécessaires, dont les habitants des villes sont exempts, les villes ayant des revenus que n'ont pas les petites communes ?

J'ai sous les yeux des feuilles de contribution de six communes de mon voisinage ; sur le total, la part revenant à la commune et au département est de 51 pour 100, comparée à celle qui revient à l'État ; les contribuables de Paris ne payent que 33 pour 100 de charges départementales et communales.

A toutes ces charges si multipliées, la prudence commande d'ajouter encore une prime d'assurance toujours élevée, et cependant presque toujours insuffisante ou illusoire ; car le cultivateur qui a perdu ses récoltes, ses pailles et ses fourrages, ne peut les remplacer avec l'indemnité qu'il reçoit, et la prospérité de son exploitation a reçu une atteinte dont elle doit souffrir longtemps. Et combien de risques ne peuvent être couverts par une assurance, ou ne le sont qu'imparfaitement : l'incendie, la grêle, les orages, les intempéries, les épizooties, les maladies ordinaires, les accidents, si fréquents avec un travail pénible, au milieu du mouvement incessant d'une grande exploitation !

Voilà le tableau fidèle et saisissant des difficultés de tout genre contre lesquelles se débat l'agriculture, et il s'en faut que je les aie toutes signalées : soyons sûr que l'enquête en révèlera bien d'autres.

Que faut-il donc faire pour donner une juste satisfaction aux plaintes qui s'élèvent de toutes parts, et pour faire en sorte que cette grande et noble industrie, qu'on a appelée *le premier des arts*, ne devienne pas bientôt *le dernier des métiers ?*

Passons successivement en revue toutes les causes de malaise et de souffrance qui viennent d'être signalées, et voyons s'il est possible de les faire disparaître ou d'en atténuer les effets.

I. — S'il est bien reconnu que les terres aujourd'hui cultivées, et propres à la production des céréales, sont plus que suffisantes pour fournir à tous les besoins de la consommation, il faut se garder d'augmenter encore démesurément l'étendue des terres arables. Ainsi, au lieu d'accorder des facilités pour le défrichement des bois de particuliers, on devrait veiller soigneusement à leur conservation, et encourager les plantations et les reboisements.

II. — Les défrichements les plus considérables étant ceux qui suivent l'aliénation des forêts de l'État, toutes ces forêts doivent être religieusement conservées. Si la nécessité de créer des ressources extraordinaires forçait de recourir à cette fâcheuse extrémité d'en aliéner une partie, il ne faudrait vendre qu'avec l'interdiction de défricher.

Ces mesures de conservation sont d'autant plus opportunes que l'abus des défrichements a soulevé de nombreuses réclamations, dont le Sénat a été saisi, et qui s'appuient sur de hautes considérations d'intérêt public, d'économie sociale, d'hygiène et de salubrité.

III. — S'abstenir du système de concessions gratuites, ou à prix minime, adopté jusqu'à présent pour la mise en valeur des terres incultes de l'Algérie. Y a-t-il utilité à créer aussi une concurrence redoutable à l'agriculture française? N'est-il pas prudent de n'augmenter par les défrichements l'étendue du sol cultivé que successivement et en proportion de l'accroissement de la population, afin que la consommation marche de pair avec la production? On disait autrefois de l'Afrique qu'elle était le grenier de l'Italie. Nous n'avons pas besoin aujourd'hui qu'elle devienne le grenier de la France.

IV. — Pour maintenir un équilibre nécessaire entre les productions de notre colonie algérienne et celles de la France, il serait de toute justice d'établir, en Algérie comme chez nous, un impôt territorial calculé sur le revenu réel, d'après le degré de fertilité des terres et l'état plus ou moins avancé de leur culture.

V. — La question la plus controversée est celle du droit sur l'importation des blés étrangers. Il faut reconnaître que l'échelle mobile, établie par la loi de 1832, a fonctionné pendant trente ans, qui ont marqué comme une ère de prospérité pour l'agriculture et pour la propriété foncière. On s'est trop pressé peut-être de condamner ce système qui assurait la possession exclusive du marché français aux blés français quand ils suffisaient largement à la consommation, et qui appelait les blés étrangers toutes les fois que les cours tendaient à devenir onéreux pour le consommateur.

Une combinaison analogue avait été mise en pratique, avec un grand succès, pour soutenir le crédit public et relever le cours de la rente. On sait que la Caisse d'amortissement rachetait des rentes françaises quand elles tombaient bien au-dessous du pair, et suspendait ses achats quand la reprise s'était déclarée.

La plupart des agronomes et des économistes sont d'accord pour demander le rétablissement d'un droit, équivalant à l'impôt qui grève chez nous la propriété foncière, et dont les producteurs étrangers sont exempts. Les partisans du libre échange ont eux-mêmes reconnu la nécessité d'un droit protecteur, en admettant un droit, même insignifiant, de 50 cent. par quintal métrique. Puisqu'ils ont fait le sacrifice de leur principe, ne faut-il pas au moins que le droit soit assez élevé pour atteindre le but qu'on se propose?

VI. — On agit à contre-sens en achetant du blé quand il est cher. C'est quand il est à bas prix qu'il faut acheter et acheter largement. Il faudrait alors faire des réserves, et remplir ce qu'on appelait autrefois *des greniers d'abondance*. Il est vrai que, pour conserver du blé, on s'expose à des pertes et à des avaries; mais c'est une question qu'on devrait de nouveau mettre à l'étude. Il y a des moyens anciennement connus : l'emmagasinement dans des silos hermétiquement clos, ou avec un système d'aération et de courants réfrigérants. Il a été fait récemment, sur la conservation du blé dans le vide, des expériences dont on a rendu un compte favorable. C'est une méthode à expérimenter en grand. Toujours est-il qu'on soutiendrait les cours, en faisant de grands achats de grains dans les années d'abondance; et qu'on les empêcherait de s'élever, après une mauvaise récolte, en livrant au commerce les blés qu'on aurait en magasin. On arriverait par là à conserver une moyenne satisfaisante pour tous les intérêts.

VII. — Le principe d'un droit protecteur une fois admis, il n'y a aucun inconvénient à l'imposer aux bestiaux étrangers. Dans la discussion qui a eu lieu sur ce sujet, à la Société centrale d'agriculture, on a réclamé un impôt de 5 pour 100 sur les importations, qui ne produirait pas moins de 4 millions, l'importation étant évaluée à 80 millions.

Le principe du libre échange reçoit d'ailleurs aujourd'hui, sur ce point, une atteinte radicale, puisque la maladie contagieuse qui règne dans les États voisins a forcé de décréter la prohibition absolue de l'introduction du bétail. Ce qu'on fait contre la contagion ne peut-il pas se faire, dans des limites modérées, contre la concurrence?

VIII. — Les laines françaises sont, de tous les produits de notre agriculture, celui qui a été le plus déprécié, dans ces dernières années. La baisse des prix a été persistante et progressive, sans qu'on puisse l'attribuer, comme pour les céréales, à l'abondance de la production indigène. Cet état de choses s'explique par les énormes quantités importées de l'Europe méridionale, de l'Amérique du Sud et de l'Australie. Il ne peut être modifié que par un droit de douane sur les laines de provenance étrangère. On estime qu'il entre de ces laines pour 250 millions de francs. Elles rapporteraient donc au trésor 12 millions et demi. C'est toujours le libre échange qui est remis en question.

IX. — Il est donc nécessaire de peser, avec une attention extrême, les mesures qui peuvent être prises, pour préparer la solution de cette grave question dans l'avenir. Il faut surtout marcher avec prudence, et ne pas craindre, si l'on s'est trop avancé, de faire un pas en arrière. Dans la conclusion des traités de commerce, il faut se tenir soigneusement sur ses gardes. On sait que la France a l'esprit chevaleresque : elle accorde souvent trop facilement aux autres nations des avantages sans compensation suffisante. S'il est reconnu qu'un droit protecteur est nécessaire pour maintenir le prix des céréales, des bestiaux et des laines, il faut y revenir sans hésiter. Les théories les plus spécieuses, les systèmes les plus séduisants, doivent fléchir devant des intérêts sérieux, devant une nécessité pratique suffisamment démontrée.

X. — Proclamer bien haut et en toute circonstance que le producteur est le maître absolu de ses produits, qu'il peut en disposer librement, de la manière qui lui semble la plus profitable; que le blé, quand il est à vil prix, peut servir à tous les usages, même à la nourriture des bestiaux et des animaux de basse-cour.

XI. — Réduire sensiblement les droits qui restreignent la consommation du sucre. Le sucre est encore un aliment de luxe, pour la plus grande partie de la population. Qu'il devienne d'un usage général et commun par suite du bon marché, la consommation individuelle sera bientôt doublée, la somme des droits perçus par le fisc augmentera, et la betterave, de plus en plus cultivée comme plante saccharifère, fera une heureuse diversion aux céréales; les intérêts du cultivateur et la terre elle-même s'en trouveront bien.

XII. — Dans les négociations avec les Gouvernements étrangers réclamer avec insistance la suppression ou la diminution des droits d'accise et de douane, qui frappent encore nos vins et nos alcools. On ouvrira par là de larges débouchés aux produits de nos vignobles. On donnera un nouveau développement à la culture de la betterave, en assurant la prospérité de nos distilleries. Envoyer le plus possible de nos alcools à l'étranger, c'est une spéculation qui serait aussi favorable aux intérêts de notre commerce, qu'elle aurait chez nous d'heureux effets pour la morale et pour la santé publique.

XIII. — Ces facilités obtenues pour les débouchés extérieurs, encourager la culture de la vigne, afin qu'on y consacre, partout où elle peut être profitable, une partie des terrains occupés aujourd'hui par les céréales. Chercher à augmenter la consommation intérieure, en mettant le vin à la portée de beaucoup d'individus des classes pauvres, qui ne boivent que de l'eau. Dans ce but, réduire les droits de circulation, de débit et d'octroi, et rendre la perception de ces droits moins gênante. S'attacher surtout à réprimer la fraude et la falsification des vins, dans lesquels on introduit trop souvent des substances nuisibles à la santé.

XIV. — Adopter les mêmes mesures de tolérance pour le cidre, dans l'intérêt de nos départements de la Picardie, de la Normandie et de la Bretagne. La plantation des arbres à cidre fournit à la fois une boisson très-saine, et crée une valeur importante, en bois de chauffe et d'industrie. N'est-il pas abusif de faire payer pour le cidre un droit d'entrée dans Paris, égal à la moitié de celui payé pour le vin, de sorte qu'on paye dix francs, pour ce qui en vaut quelquefois trois ou quatre chez le producteur?

XV. — Favoriser la culture de toutes les plantes industrielles et économiques, particulièrement celle du tabac. Employer le moins possible de tabac de provenance étrangère, et demander aux tabacs indigènes la plus grande partie des approvisionnements. L'État, grâce à son monopole, peut donner des bénéfices considérables pour la culture de cette plante.

XVI. — Il y a encore le prix élevé de la main-d'œuvre, et le manque d'ouvriers pour les travaux des champs; il serait déraisonnable de demander une réduction du taux des salaires. C'est, au contraire, une circonstance des plus favorables, que de voir l'aisance générale augmenter par une meilleure rétribution de tous les travaux; mais encore faut-il qu'on puisse trouver des bras pour tout ce qui est à faire. On n'en manque pas dans les villes. Il s'agit seulement de les détourner de ce séjour trop attrayant, pour les appeler vers les campagnes.

Qu'on s'occupe du bien-être des pauvres habitants de nos villages, qu'on tâche de leur procurer des habitations salubres et commodes : qu'à défaut d'hôpitaux, on établisse un service médical et pharmaceutique à la portée de tous, qu'on organise partout des sociétés de secours mutuels, qu'on développe, par l'éducation, les habitudes de moralité qui rendent l'homme laborieux et content de son état.

Il existe, dans les villes, une multitude d'institutions philanthropiques et charitables : des asiles, des orphelinats, des ouvroirs, des œuvres, comme celles des jeunes apprentis, des jeunes économes, des amis de l'enfance, etc.; toutes forment des enfants des deux sexes, pour les fabriques et pour l'industrie, pour les ouvrages d'aiguille ou pour le commerce. Pourquoi ne pas établir, au moins dans chaque département, des écoles pratiques où l'on préparerait, ici des jeunes gens, là des jeunes filles, à devenir des ouvriers de ferme laborieux et intelligents, des charretiers, des bergers, voire même des vachers ; surtout, de bonnes servantes de ferme, entendant bien la tenue du ménage et les soins à donner au bétail et à la basse-cour? On ne trouve plus, dans nos villages, de filles ou de femmes qui veuillent *se mettre dans les vaches*. C'est en effet un métier pénible et peu attrayant; mais c'en est aussi un des plus nécessaires.

Nous avons assez de fermes modèles, où se forment des contre-maîtres et des chefs d'exploitation. Qu'on nous élève, dans des conditions d'honnêteté et de moralité, de bons ouvriers de culture, des servantes de ferme capables et dévouées. On aura fait beaucoup pour l'agriculture ; car bien du désordre, bien des pertes, résultent du défaut d'intelligence et de bonne volonté des domestiques, qui doivent coopérer avec le maître à la prospérité de son entreprise.

XVII. — Nous avons vu que des intermédiaires viennent

se placer, pour la vente, entre le producteur et le consommateur ; qu'ils prélèvent de larges bénéfices, et que celui qui obtient directement les divers produits qui dérivent de la culture ne reçoit qu'un prix bien inférieur au prix payé par celui qui les consomme. Cet inconvénient est moins sensible pour les denrées qui sont vendues et consommées sans changer de nature ou de forme. Il y a des associations de fermiers pour la vente en détail du lait. Le beurre et les œufs vendus à la halle, par l'entremise des facteurs, offrent aussi tous les avantages qu'on peut attendre, selon la qualité des objets vendus et selon la saison.

On cherche à créer aujourd'hui des associations de production et de vente, qui livrent aux consommateurs toutes les denrées provenant de la culture, à des prix avantageux pour la production, et cependant inférieurs aux prix actuels du commerce de détail. Ces essais doivent être encouragés : ils peuvent avoir d'excellents résultats, surtout en ce qui concerne la boulangerie et la boucherie.

Le rapport du prix de la farine et du pain à celui du blé n'est pas toujours facile à établir exactement. Le farinier et le boulanger peuvent, comme on dit, pêcher en eau trouble. Il en est de même du boucher. Le cultivateur qui vend un animal pour la boucherie, quelle que soit son expérience, ne connaît pas sa valeur aussi bien que le marchand ou le boucher. Cette valeur repose sur deux éléments distincts : le poids et la qualité. La qualité dépend de l'âge, du sexe, du degré d'engraissement et de la finesse de la bête. L'habitude apprend facilement à apprécier ces circonstances; mais le poids effectif est plus incertain. L'acheteur l'estime toujours au-dessous de la réalité ; on discute bien avec lui, mais il faut le plus souvent l'en croire sur parole. Toutes les fermes devraient être pourvues d'un bon appareil de pesage; ou bien, un instrument de ce genre devrait se trouver, dans chaque commune, à la disposition des éleveurs et des engraisseurs.

Les uns et les autres auraient un moyen de se rendre compte de la valeur réelle des animaux qu'ils vendent.

XVIII. — On a parlé de diminuer le prix de revient des céréales; c'est là un problème assez difficile à résoudre. Les différents moyens d'y parvenir peuvent être ramenés à ceux-ci :

1° Diminuer le prix des fermages ou le revenu foncier;

2° Réduire l'intérêt de la mise de fonds, ou du capital d'exploitation;

3° Obtenir la main-d'œuvre à meilleur marché ;

4° Réduire les impôts et les diverses charges qui pèsent sur le cultivateur et sur la propriété foncière.

Il est clair qu'on ne peut diminuer les fermages, ou le loyer de la terre, sans porter une atteinte funeste à la propriété. Quand tous reconnaissent la nécessité d'alléger les charges qui pèsent sur elle, ce serait agir à rebours que de retrancher une partie de son revenu.

Réduire l'intérêt du capital me paraît également impossible. J'ai dit plus haut pourquoi le cultivateur ne peut vivre d'emprunt, pourquoi cette triste ressource est pour lui plus nuisible qu'avantageuse.

Diminuer le taux des salaires est également impraticable. Il est plus important d'obtenir de bons services que de les payer moins cher. La culture des racines demande des travaux plus compliqués, et l'outillage, en général, est devenu plus soigné et plus coûteux.

Reste donc la réduction de l'impôt et de certaines charges : on peut dire que c'est dans ce sens qu'il y a quelque chose à faire.

XIX. — La diminution des charges diverses, qui pèsent sur la propriété foncière, est donc un des moyens qui se présentent le plus naturellement pour améliorer sa situation. Cette diminution ne peut être obtenue que par des économies, c'est-à-dire par la réduction de certains chapitres de dépenses, ou, à défaut d'économies, par des impôts nouveaux, destinés à couvrir le déficit résultant de la réduction opérée sur les impôts anciens. La possibilité de trouver une nouvelle matière imposable est indiquée par la seule énonciation du but qu'on veut atteindre. Si on reconnaît que la propriété foncière est trop imposée, c'est que la propriété mobilière ne l'est pas assez. En effet, il est parfaitement logique de dégrever les valeurs qui rapportent peu, et de demander un peu plus à celles qui produisent de gros revenus.

XX. — Pour démontrer la convenance et l'équité de cette mesure, comparons l'existence de l'habitant des villes, du Parisien surtout, à celle de l'habitant des campagnes. — Nous avons vu toutes les charges qui pèsent sur celui-ci. Le citadin, au contraire, jouit à peu de frais de tous les agréments de la vie, de toutes les sûretés, de tous les avantages que procure le séjour de la ville.

Un rentier qui a toutes ses valeurs en portefeuille n'aura à payer, pour toutes charges, que l'impôt personnel et l'impôt mobilier, calculé sur l'importance de son loyer. — On sait d'ailleurs qu'à Paris les loyers au-dessous de 250 francs en sont complétement exèmpts. — Il circule partout et à toute heure, dans des rues bien éclairées la nuit, lavées et balayées après la pluie, arrosées et rafraîchies, si l'on craint la chaleur et la poussière. Il rencontre à chaque pas des promenades splendides, des lieux de repos riants et commodes. Des spectacles, des amusements de tout genre, s'offrent pour occuper ses jours et ses nuits. Il peut toujours se procurer, sans dérangement et sans peine, depuis les choses les plus nécessaires, jusqu'aux objets qui flattent sa fantaisie. N'est-il pas juste qu'il paye un peu tous ces avantages ?

Quand on jette les yeux sur la cote de la Bourse, on est frappé de la variété, de l'énormité des valeurs qui sont chaque jour l'objet de la spéculation, moyennant un droit imperceptible, auquel on échappe complétement en les rendant nominatives. Il y a là 12 ou 15 milliards, représentés par des actions et par des obligations, qui rapportent de gros intérêts et de gros dividendes, sans participer aux charges publiques. Les valeurs étrangères surtout ne viennent-elles pas détourner, absorber des capitaux qui pourraient recevoir chez nous un emploi plus utile ? Et toutes ces valeurs, non-seulement échappent à l'impôt, mais peuvent très-facilement s'affranchir des droits de mutation, et passer de main en main sans que le fisc puisse les atteindre.

Qu'on dégrève donc l'agriculture et la propriété foncière. Qu'on fasse, s'il se peut, des réductions de dépense équivalentes au dégrèvement. Si toute réduction est impossible, qu'on demande cet équivalent aux valeurs de Bourse. Ce nouvel impôt pourra gêner les joueurs et contrarier un peu l'agiotage; sera-ce donc un si grand mal? et n'aura-t-on pas obtenu, au contraire, un résultat éminemment moral et salutaire?

Il va sans dire que j'excepte expressément de la mesure indiquée la rente française, qui a droit à une immunité absolue, dans l'intérêt du crédit de l'État.

On voit que je suis loin de proposer une panacée unique, propre à guérir d'un seul coup toutes les souffrances de l'agriculture. Ce qui me paraît réalisable, c'est un ensemble de mesures partielles, mais concordantes et tendant toutes au même but, sans perturbation et sans secousse.

Que chacun vienne à son tour exposer dans l'enquête ses doléances et exprimer ses vœux. Jamais circonstance plus solennelle ne s'est produite. Espérons qu'il en sortira quelque chose de bon, d'utile et de décisif. Il est impossible de douter que l'Empereur ne soit animé des dispositions les plus bienveillantes pour les paisibles et laborieuses populations de nos campagnes. Il sait que ce sont elles, surtout, qui ont acclamé l'empire; et puisqu'il leur a promis l'enquête, il a, par cela seul, promis les améliorations qu'elle indiquera.

Paris. — Typ. Ad. Lainé et J. Havard, rue des Saints-Pères, 19.

www.ingramcontent.com/pod-product-compliance
Ingram Content Group UK Ltd.
Pitfield, Milton Keynes, MK11 3LW, UK
UKHW021028260726
13994UKWH00005B/2025